LETTRE

D'UNE PARISIENNE DE 1830

A

TOUTES LES FRANÇAISES.

LETTRE

D'UNE PARISIENNE DE 1830

A

TOUTES LES FRANÇAISES,

PAR

Mlle Clémence-Rosalie Thiébault.

PARIS,

IMPRIMERIE DE J.-L. BELLEMAIN,

RUE SAINT-DENIS, N° 268.

—

1830.

INTRODUCTION.

Tout ce qui se rapporte au bonheur général ou à l'élévation morale de l'homme, a toujours produit sur moi un effet difficile à décrire. Les liens de famille, les relations d'amitié, quoique bien doux à mon cœur, n'en ont jamais comblé le vide; je me sens née pour aimer mon espèce et me réjouir de tout ce qui peut la rendre bonne et prospère. Qu'on juge des émotions que je dus éprouver durant et après les événemens glorieux qui ont régénéré la France !... Des milliers d'êtres sans doute ont eu les mêmes sentimens, les mêmes pensées, et ces Françaises si bonnes, si dévouées, à qui j'adresse ici mes vœux, peuvent me trouver téméraire; en vain la raison me crie que le zèle, quel qu'il soit, peut aider, mais ne supplée pas au talent. Pardonnez-le moi, juges savans, juges sévères; pardonnez-le moi si dans l'abondance et l'effusion des sentimens qui se pressent en mon cœur, je ne puis résister au désir de les peindre malgré la certitude où je suis que je serai toujours bien au-dessous de mon sujet. C'est la voix de la patrie, c'est la dette sacrée de la reconnaissance qui m'inspirent; là se bornent mes titres, car je n'en ai point d'autres même à mes propres yeux, pour justifier de la hardiesse de mon dessein.

UNE PARISIENNE

A TOUTES LES FRANÇAISES.

C'est à vous que je m'adresse, ô femmes que j'honore comme une belle portion de la nation héroïque à laquelle nous avons le bonheur d'appartenir. Convaincue que vous partagez ma pensée, j'élève ici la voix, ou plutôt j'unis ma voix aux vôtres, pour témoigner à nos dignes concitoyens les sentimens que nous ont fait éprouver leurs magnanimes actions.

Nombre d'entre vous ont devancé ce vœu en montrant, par une pitié touchante, par des soins empressés rendus aux illustres victimes, l'intérêt puissant qu'elles vous ont inspiré ; aussi je n'hésite pas à le dire, bonnes Françaises, s'il m'est permis de vous faire parler par ma voix, dans ces jours immortels de gloire et de douleur, nos cœurs d'abord frémirent d'indignation quand nous vîmes s'accomplir ce complot sanguinaire formé sans ménagement contre la France entière, par des hommes que la patrie et l'humanité renoncent.... Mais en même temps nos entrailles furent déchirées de cette pensée accablante, que nos frères, nos parens, nos amis, s'immolaient volontairement pour nous. Trop faibles pour partager leurs efforts, nous demeurâmes pénétrées de leur conduite sans exemple ; nous cherchâmes dans l'histoire et dans l'antiquité quelque haut fait de gloire et d'héroïsme pour faire une comparaison digne de leur être offerte, et nous n'en trouvâmes point. En effet, Lacédémone eut un Lycurgue qui sacrifia sa vie pour assurer le règne des lois qui devaient faire la gloire de son pays ; Athènes eut un magistrat qui tint en sa puissance tous les trésors de la Grèce, et qui mourut dans l'indigence ; Rome a eu ses héros, ses Mutius-Scévolas, ses Brutus, qui ont prouvé à l'univers que non-seulement l'intérêt personnel, mais les sentimens mêmes de la nature pouvaient se taire devant l'amour de la patrie ! Toutes les nations qui ont eu quelque durée fournissent à différentes époques des souvenirs glorieux d'hommes immortels qui se sont dévoués, et souvent ont péri pour sauver leurs concitoyens. Mais vit-on jamais un peuple de sages ?. vit-on jamais un peuple de Lycurgues, d'Aristides et de Scévolas ! Non, non, il faut le dire, on ne trouve point d'exemple qui puisse être comparé à cet élan sublime d'un peuple où tous les citoyens courent à la mort, sans défense que leur cou-

rage, sans aucune assurance d'honneur, de ré-
compense, ni même de souvenir! Et quand par
d'incroyables efforts de zèle et de constance la
victoire leur demeure fidelle, quand ils vont au-
delà de l'attente de tous, quand ils comblent tous
les vœux, on les voit contens d'avoir rempli la
mission que l'amour de l'humanité et le senti-
ment intime de sa noblesse leur avaient inspirée;
on les voit au sein même du triomphe, borner là
leurs désirs et toute leur ambition, et reprendre
dans la société leur condition ordinaire! A de
semblables traits, nos cœurs éprouvent une émo-
tion qu'aucune expression ne saurait peindre.
Des larmes, de la reconnaissance et de l'admiration la plus vive remplissent nos paupières, et
nous disons dans le transport de notre ame : Soyez
bénies, victimes éminemment généreuses! Soyez
bénis, défenseurs de nos droits, dévoués à notre
bonheur! Recevez le tribut de nos pleurs et de
notre juste admiration! Soyez à jamais nos pro-
tecteurs, nos guides et nos soutiens : nous sommes
fières de vous appartenir.

Et vous qui justifiâtes si bien la confiance gé-
nérale, dont malgré tant d'intrigues vous demeu-
râtes entourés, dignes représentans du peuple le
plus noble et le plus aimant de la terre, c'est
par votre bouche que rompant tout obstacle, la
sainte vérité s'introduisit parmi nous et trouva

des échos dans tous les cœurs français; c'est de votre tribune à jamais mémorable que cette divinité brillante, parce qu'elle est toujours pure, se présenta sous sa forme enchanteresse et devint l'idole, le centre et le but de toutes les pensées; et lorsque l'enthousiasme qu'elle fit naître pour le plus sacré de nos droits, pour cette liberté tant chérie, eut accompli l'œuvre immortel de notre glorieuse révolution, vous vous présentâtes de nouveau, inébranlables dans vos principes, forts de cette estime méritée qui vous rendait l'organe de tous les vœux, et vous assîtes sur des bases solides l'ordre social et la liberté de tous, qui n'avaient été un moment ébranlés que pour les rendre indestructibles. Honneur et grâces vous soient rendus, hommes que la France admire! L'histoire dira votre courage, et nous consacrons à jamais dans nos cœurs le souvenir unique de votre gloire et de vos bienfaits.

Oui, Françaises, je le répète, voilà ce que vous dites toutes dans le fond de votre ame, et quand ma voix tardive en est l'organe, beaucoup ont déjà prouvé par leurs actions qu'elles le pensaient.

Mais, ô mes compagnes, mes chères concitoyennes, au moment où les hommes du siècle ont si dignement rempli leur tâche, n'oublions pas, ne négligeons pas la nôtre. Les femmes de

Sparte avaient beaucoup d'influence sur l'esprit des hommes, par cela seul qu'elles étaient dignes d'en avoir, parce qu'elles joignaient à un noble enthousiasme pour tout ce qui est grand, une conduite sans reproche. Un auteur moderne a dit en titre d'un de ses ouvrages : « Les hommes font les lois, les femmes font les mœurs, » et c'est la meilleure et la plus saine vérité qu'il contienne. En effet, les mœurs ont une telle influence sur le moral des êtres, qu'on peut dire que si elles sont un effet des bonnes lois, elles en deviendraient le principe si elles pouvaient les précéder.

Soyons donc, comme a dit le bon Rousseau, *les chastes gardiennes des mœurs et les doux liens de la paix*, d'une paix qui ne s'étendra pas seulement aux familles, mais qui sera désormais (comme tout nous en donne l'assurance) contractée entre les nations, comme elle le fut jusqu'ici d'homme à homme. Qui ne sentirait son ame émue à un si bel ordre de choses ! Quand la France reprend parmi les nations de l'Europe sa dignité naturelle, quand la sainte alliance des peuples n'est plus un problême, travaillez de tout votre pouvoir à maintenir le bonheur dans cette grande nation qui vient d'assurer le vôtre ; empêchez que l'hypocrisie (dont le masque hideux cache toujours l'amour exclusif de soi), que l'odieux mensonge à la bouche empoisonnée ne

troublent désormais l'Etat, et ne sèment la divi-
sion parmi les citoyens paisibles ; élevez-vous
au-dessus de ces craintes pusillanimes que grossit
la renommée, qu'accueille la faiblesse, mais que
le sage méprise ; employez votre esprit facile et
persuasif à rassurer les esprits encore émus et
étourdis de cette lutte terrible ; sachez joindre à
vos grâces naturelles cette fermeté qui convient
au caractère d'un grand peuple, et que toutes
vos ressources soient désormais employées à fixer
la confiance si bien due à une législation, et
surtout à un prince qui vous offre de si belles ga-
ranties !

C'est encore en partie à vos soins, judicieuses et
bonnes Françaises, qu'est confié le dépôt de la
croyance divine, de cette foi qui, pour les ames
éclairées, renferme un article unique, L'EXIS-
TENCE D'UN ÊTRE JUSTE ; c'est de cette
source immortelle que la morale tire sa force, c'est
la reconnaissance et l'amour qu'il inspire qui em-
pêche que la noblesse de l'homme ne dégénère
en orgueil, et qui nous fait trouver dans les bienfaits de la nature la règle de nos mœurs et les
principes de la vertu.

C'est à vous que je m'adresse, tendres mères,
jeunes épouses, respectez les cérémonies reli-
gieuses comme un hommage rendu à l'auteur de
toutes choses, comme un symbole de sa bien-

faisance, qui a voulu que tous les hommes fussent frères ; mais empêchez par vos soins et vos discours sensés que la superstition matérialise ces faits sublimes, et profite de son ascendant sur les faibles pour convertir en crainte et en terreur un culte qui n'est qu'amour !

Il vous reste encore une tâche importante et bien digne de vous, puisque c'est l'humanité qui l'inspire : c'est de planer au-dessus des préjugés de l'orgueil, tristes fruits de la sottise et de l'endurcissement ; préjugés d'autant plus funestes, qu'ils laissent ceux qu'ils accablent sans défense, et protégent souvent l'intrigue au préjudice de la vertu ; préjugés auxquels on donne le titre modeste de vanité, et qui au fond sont atroces par les effets qu'ils produisent. Je ne prétends pas ici vous accuser de les soutenir, sensibles et bonnes Françaises ; je viens vous prier d'employer vos lumières et cette noble instruction qui bientôt égalisera tous les rangs, à les faire entièrement disparaître. Il est digne d'un peuple libre et bon de rapprocher le plus possible toutes les classes de la société ; mais pour atteindre ce but il faut vaincre l'opinion, cette reine du monde (et surtout du monde civilisé) qui gouverne en despote. Examinons au reste sur quoi elle repose : il n'existe pour l'être qui pense que deux choses qui puissent réellement établir l'inégalité morale entre les hommes : les talens et la vertu. La première est en quelque sorte factice, puisqu'elle dépend d'une instruction plus ou moins étendue, et l'infortuné qui en est privé doit exciter la sollicitude bien plus que le mépris. La seconde est réelle; mais comme elle est au pouvoir de chacun, elle peut devenir le domaine de tous; d'où il suit que la théorie d'égalité peut acquérir, chez une nation sage, un certain degré d'évidence.

Femmes estimables qui, par un travail assidu, par une économie et des privations continuelles, vivez dans une probité intacte, honorez assez une si noble condition pour n'en point voir de supérieure à la vôtre.

Et vous, femmes aimables et instruites que la fortune favorise, exemptes des vertus sévères que commande la pauvreté, rachetez par votre affection pour cette classe laborieuse une partie des maux qu'elle souffre, et que la modestie qui vous caractérise, que la modération qui doit être le partage du bonheur, soit un témoignage à vos concitoyennes que vous n'estimez que les vrais biens.

C'est par de tels moyens, mes aimables compagnes, que nous parviendrons à établir au sein de la société l'ordre, la satisfaction et la prospérité qui en est la suite. C'est d'un échange amical de services et de sentimens que naîtra cette conformité d'opinion qui doit consolider le bonheur de la France.

Prouvons à cette courageuse et bienfaisante garde nationale, dont la vue seule fait tressaillir nos cœurs, que si nous ne pouvons partager ses immenses travaux, nous concourons au moins de tout notre pouvoir à maintenir sa glorieuse devise. Et puissent nos descendans, touchés de nos efforts, s'écrier en lisant l'histoire de notre immortelle révolution : les femmes n'y furent point étrangères !